I0000628

LA

SOCIÉTÉ DE JURISPRUDENCE

DE TOULOUSE

(1812-1880)

DISCOURS

PRONONCÉ A LA SÉANCE DE RENTRÉE

DU 17 NOVEMBRE 1879

PAR

M. Paul DESARNAUTS

AVOCAT

DOCTEUR EN DROIT

TOULOUSE

IMPRIMERIE PAUL PRIVAT, RUE TRIPIÈRE, 9

—

1880

384,

LA

SOCIÉTÉ DE JURISPRUDENCE

DE TOULOUSE

(1812-1880)

DISCOURS

PRONONCÉ A LA SÉANCE DE RENTRÉE

DU 17 NOVEMBRE 1879

PAR

M. Paul DESARNAUTS

AVOCAT

DOCTEUR EN DROIT

TOULOUSE

IMPRIMERIE PAUL PRIVAT, RUE TRIPIÈRE, 9

—

1880

Le lundi, 17 novembre 1879, la Société de Jurisprudence de Toulouse s'est réunie à huit heures du soir, dans le lieu ordinaire de ses séances, au Palais de Justice, sous la présidence du Doyen de ses membres, Me Joseph Timbal.

La parole a été donnée à Me Saint-Germier, conservateur, pour lire son rapport sur les travaux de l'année 1878-79.

Après la lecture de ce rapport, la parole est donnée à Me Paul Desarnauts, désigné pour faire le discours de rentrée.

En me confiant la tâche de vous adresser aujourd'hui le discours d'usage, vous m'avez fait un honneur qui, loin de me trouver insensible, m'a tout d'abord inspiré quelque orgueil ; mais ce premier sentiment n'a pas été de longue durée : après m'être réjoui d'avoir réuni vos suffrages, j'ai songé que mon devoir était de m'en montrer digne, et le sentiment de mon insuffisance a fait succéder dans mon esprit la crainte de ne pas justifier votre confiance à la satisfaction de l'avoir obtenue.

Je ne veux pas médire des discours de rentrée, puisque je dois, au contraire, en continuer aujourd'hui la tradition, et pourtant, il faut bien l'avouer, on en trouve rarement qui intéressent ; c'est que les formes académiques qu'ils comportent, pour avoir de la noblesse, manquent souvent de grâce ; ils ont la solennité de ces grands morceaux d'ouverture, qui lassent, au théâtre, des auditeurs désireux de voir enfin le rideau se lever et les acteurs entrer en scène, à moins, toutefois, que par une phrase musicale habilement cadencée, le génie de l'artiste ne parvienne à captiver une attention toujours prête à s'enfuir. J'avais à vous offrir le morceau d'ouverture, mais où puiser le génie qui le fait supporter?

Convenez avec moi, Messieurs, de l'embarras de ma situation; il fallait trouver un sujet idéal, qui pût à la fois remédier à la solennelle monotonie du discours de rentrée, et, chose plus ardue, suppléer à l'insuffisance de l'orateur. Entre ces deux écueils, le passage était bien étroit, et, pour me tirer sans trop d'échec d'un aussi mauvais pas, je ne découvrais dans mes recherches que choses trop bien dites pour affronter le danger de les redire, ou trop vieilles pour ne pas désespérer de les rajeunir. Un poëte se serait facilement tiré d'affaire en invoquant la muse; privé de cette ressource, je me suis adressé à un dieu qui, dit-on, devient de plus en plus invisible, et que j'avais naturellement négligé tout d'abord d'appeler à mon aide; j'ai invoqué le Bon sens, et ce génie tutélaire m'a confié que le meilleur moyen de vous intéresser était de vous parler de ce que vous trouvez de mieux, de plus noble, et de ce qui vous est le plus précieux au monde, c'est-à-dire de vous-mêmes. Le conseil me parut bon, j'ai voulu le suivre; l'intention de vous être agréable me fera pardonner, en tout cas, si je reste au-dessous de mon sujet.

Que j'écarte cependant de vos esprits un doute ou une équivoque que mes paroles auraient pu y faire naître; ce n'est pas l'éloge de chacun de vous que je prétends faire, non que la matière ne fût fertile en beaux développements; mais qu'ajouter à ce que nous savons déjà? C'est la vie de notre Société que je voudrais vous retracer; entendre parler d'un être qui nous est cher, est d'ailleurs plus doux que s'il s'agissait de nous-mêmes.

Aussi bien me paraît-il singulier que dans un siècle où
le sentiment de la personnalité est si accusé que le moindre ancien ministre se croit obligé, ou d'écrire ses mémoires, ou de colliger des documents pieusement triés pour
servir à l'histoire de sa vie, notre Société, qui a vu passer
ministres et gouvernements, qui depuis sa fondation a formé
bien des hommes, n'ait pas encore ses annales? On a dit
que c'était le propre des peuples heureux de n'avoir pas
d'histoire; mais il est à croire que ceux-là sont de bien
petits peuples, et notre Société, en s'assimilant à eux, ne
pouvait rester dans un tel état d'infériorité. Aussi, sans
prétendre à un brevet d'historiographe, ai-je essayé de com-
bler cette fâcheuse lacune.

Au surplus, je dois vous l'avouer bien bas (mais nous
sommes ici entre nous, et je vous ai promis que je dé-
pouillerais toute solennité académique), ma paresse espérait
trouver son compte à l'accomplissement d'un pareil projet.
Je n'étais pas, en effet, sans avoir entendu parler des archives
de la Société de Jurisprudence, dans le cours de ces séances
mémorables, où pleins d'un pieux respect pour les choses
du passé et désireux de restaurer nos anciens usages, comme
l'on restaure les œuvres d'art du moyen âge, on chargea une
commission de compulser nos titres et nos annales. Il me
suffirait donc de pénétrer dans ces archives, sous la direc-
tion de leur vigilant gardien, et de lire, pour les résumer
ensuite en un seul, les soixante-huit rapports annuels que,
dans les mêmes circonstances, sinon peut-être avec le même
talent, les prédécesseurs de votre honorable conservateur ont
écrit depuis 1812 pour les lire à votre barre. Mais, hélas! ces
soixante-huit rapports que, par soixante-huit décisions, la
Société a ordonné de déposer dans ses archives, malgré les
fouilles les plus minutieuses, je n'en ai pu trouver le plus
petit vestige! Vous comprendrez assez, par ce que vous
éprouverez vous-mêmes, Messieurs, combien fût doulou-
reux mon étonnement, puisque la disparition de ces docu-

ments précieux pour notre histoire témoignait, ou d'un
larcin difficile à expliquer, ou bien, hypothèse plus natu-
relle, d'une négligence coupable chez tous les archivistes
passés, qu'en leur qualité d'anciens, je m'étais toujours plu
à considérer comme des modèles. J'ai cherché à me rendre
compte d'un fait aussi grave; j'ai consulté des hommes
vénérables qui, après avoir fait partie de la Société, nous
restent attachés par les liens du souvenir; aucun d'eux ne
s'est rappelé un vol dans nos archives, alors cependant que
la chose eût excité à coup sûr une légitime émotion, et
donné lieu sans doute à plus d'un procès.

J'ai interrogé aussi les registres où sont consignées nos
délibérations, et j'ai remarqué, non sans surprise, que les
quatre cent vingt-trois conservateurs qui ont rendu compte,
à leur sortie de charge, de l'état des archives, ont tous dé-
claré qu'elles étaient dans un ordre parfait et, d'après quel-
ques-uns même, dans une situation prospère; du reste, les
registres font foi que nos devanciers s'en préoccupaient;
nous les voyons, en février 1837, accorder un crédit de
o fr. 80 cent. à M. le conservateur Bressolles, pour classer
nos papiers, et lui voter ensuite des félicitations « pour
le zèle, dit le texte de la délibération, le dévouement,
l'activité, l'esprit d'ordre et d'économie qu'il a apportés
dans le pénible travail dont il a bien voulu se charger »;
en 1855, M. Lacointa se dévoue à son tour à cette œuvre;
enfin, en 1864, une commission composée de trois membres était chargée du même labeur, et un rapport écrit était
déposé par elle. Est-ce à cette époque que nous devons
placer le fatal événement qui nous occupe? Peut-être; car
je lis dans un des procès-verbaux qu'en assez grande quan-
tité des papiers inutiles furent livrés aux flammes. Les rapports annuels que nous ne trouvons plus furent-ils mêlés
par mégarde à ces vieux papiers? On peut le supposer tout
en le déplorant. Peut-être aussi ne doit-on accuser que
notre règlement qui, en plaçant les archives sous la direc-

tion d'un fonctionnaire renouvelé tous les mois, les met forcément dans la situation d'un département qui change trop souvent de préfet.

Quoi qu'il en soit, mon désappointement fut grand, car ce n'était plus soixante-huit rapports que je devais lire pour connaître l'histoire de notre Société, mais bien quatre mille huit cents procès-verbaux de réunions ; l'écart était trop considérable pour ne pas me causer quelque émoi ; je n'en fus pas exempt, mais je puis dire, avec fierté, que je n'eus cependant pas la pensée de reculer devant l'œuvre entreprise, et la chute de mes espérances ne m'ébranla pas davantage que la ruine du ciel n'ébranlerait, au dire du poëte, le *justum ac tenacem propositi virum.*

Pardonnez-moi, Messieurs, de m'être si longtemps mis en scène et de vous avoir initié aux péripéties de ce discours ; comme le chœur antique, qui met le public au courant des malheurs de son héros, j'avais besoin de vous faire assister aux difficultés de son éclosion pour que vous fussiez moins surpris si vous trouviez cette histoire de notre Société bien chétive et bien écourtée. Vous le savez, un procès-verbal circonstancié, entrant dans les détails, est chose rare ; car, d'ordinaire, nul n'a plus l'horreur de la plume que le secrétaire dont la mission est de la tenir. De là une brièveté qui cache bien des omissions, et que je suis condamné à imiter, puisque mon intention n'est pas de faire de la légende, mais un récit exact. Si donc, je n'ai puisé qu'à des sources peu abondantes et souvent presque à sec, ne m'accusez pas de n'avoir pas assez puisé ; j'aurai tari la source.

Pour traiter la délicate question de nos *Origines*, sur lesquelles, comme pour toute histoire, règne une certaine obscurité, je suis heureux de laisser la parole à notre fondateur lui-même, qui, dans une lettre écrite en 1856 pour remercier la Société du titre de président honoraire, faisait un retour sur le passé tout en donnant de salutaires avis pour le présent. Nos devanciers ont eu pendant longtemps la bonne fortune de pouvoir en référer dans leurs doutes et difficultés à celui qui, ayant eu l'idée de notre Société, en avait été le premier législateur. M. Héloin avait, en effet, été nommé juge au tribunal de Toulouse, et jamais son intérêt ne nous fit défaut; il venait quelquefois présider nos séances et même notre banquet de fin d'année. Lorsqu'il recevait, au premier jour de l'an, la députation que la Société ne manquait jamais de lui envoyer pour lui apporter ses vœux, il faisait profiter du fruit de son expérience des jeunes gens, trop souvent dédaigneux des anciennes méthodes, qualifiées de routine, et il leur montrait comment telle ou telle disposition du règlement, qui semblait n'avoir plus sa raison d'être, conservait cependant son utilité, parce qu'elle apportait un remède à des abus qui ne disparaissent pas avec les générations.

La lettre qu'il écrivait en 1856 prouve sa sollicitude pour tout ce qui nous intéressait; aussi est-ce un document précieux à garder, ne fût-ce qu'en mémoire du piquant embarras qui en résulta pour nos devanciers. Voici, en effet, comment se terminait cette lettre : « Le titre de Président honoraire de la Société de jurisprudence de Toulouse qui me fut spontanément donné m'est si précieux, que je viens vous prier de m'envoyer copie de la délibération qui me le confère. Arrivé au terme d'une existence pénible et si infructueusement laborieuse, les bons souvenirs me consolent de la vie; envoyez-moi le titre qui me rappellera le plus heureux de tous, puisqu'il me dira des sentiments auxquels n'a pas manqué l'amitié si vraie que j'ai vouée aux fondateurs de la Société et à vous, messieurs et chers confrères, leurs dignes successeurs. » Or, il se trouvait que jamais M. Héloin n'avait été nommé président honoraire; c'est ce que constata, non sans stupeur, la commission nommée pour rechercher la délibération demandée. Le 19 janvier 1822, en effet, on avait décidé que

M. Héloin, qui, pendant dix ans, était resté membre de notre Société, ne serait pas affilié, mais qu'on lui conférerait le titre de *membre* honoraire unique. Que faire? On tourna la difficulté en lui donnant aussitôt par acclamation le titre de Président, et une députation fut chargée de lui porter le texte de l'ancienne et de la nouvelle délibération.

Voici maintenant ce que disait de la naissance de notre Société la lettre de M. Héloin :

« La Société de jurisprudence, à la fondation de laquelle je suis heureux d'avoir concouru, est vieille d'un demi-siècle, si elle compte les années qui se sont écoulées depuis sa fondation ; mais elle ne compte plus les hommes qui, formés à son école, ont porté dans la magistrature et dans le barreau du Midi ces mérites incontestés qui en sont l'honneur et la gloire.

« Je dis que j'ai concouru à la fondation de la Société de jurisprudence de Toulouse, car je n'ai pas l'orgueilleuse prétention de l'avoir fondée.

« Il n'y a pas que de la science positive dans votre institution, il y a encore de la poésie. Vos pères se réunissaient sous les ombrages du jardin de l'un d'entre eux ; c'est là qu'à mon arrivée de Paris je les trouvai poétisant gaiement le Digeste et le Code. Ils étaient pour moi les troubadours du Droit.

« Il y avait chez ces hommes remarquables tous les éléments d'une société utile, car ils étaient gens de capacité, tous brillants d'avenir et affamés de savoir.

« Ils voulurent bien me confier le soin d'une organisation quasi-académique, et celui d'un règlement dont le temps a consacré l'utilité. Si la Société qu'ils ont fondée avec moi a résisté aux révolutions qui ont renversé de plus importantes institutions, c'est qu'eux et leurs successeurs, fidèles à la loi qu'ils s'étaient imposée, se sont constamment interdit les discussions étrangères au but de leur réunion. »

Vous entendez, Messieurs, ces sages paroles; n'êtes-vous

pas tentés d'y voir avec moi un reproche anticipé adressé
par son fondateur à la Société actuelle, qui, trop souvent,
hélas! il faut en convenir et tâcher d'y remédier au début
de notre session, se livre à des discussions de règlement, au
lieu de discuter la loi dont nous devons chercher à pénétrer l'esprit. La Société de jurisprudence avait jusqu'en
1863, époque de la première révision, vécu sous le même
règlement, et, depuis cette époque, deux nouvelles révisions
ont été faites. Faut-il espérer que nous serons plus sages
dans l'avenir et que nous comprendrons que changer sans
cesse la loi, c'est enlever tout respect pour elle? Les consti-
tutions ne gagnent pas toujours aux remaniements, vous le
savez, Messieurs.

Les modifications apportées tour à tour à l'œuvre de
notre fondateur, qu'il se félicitait, en 1856, de voir toujours debout, en ont changé la physionomie d'une manière
si accusée, que nous ne pouvons juger exactement par ce
que nous sommes de la Société de jurisprudence primitive.

Elle se composait en 1812 de vingt-quatre membres
résidants; ce nombre ne fut élevé que plus tard, d'abord à
trente en 1816, puis en 1863 à trente-cinq, peut-être dans
le but de justifier notre devise « *crescit eundo.* » Sans
examiner l'opportunité de ces augmentations successives,
je dois remarquer que les travaux de la Société n'ont jamais
marché d'une façon plus régulière et que l'assiduité semble
n'avoir jamais été plus grande qu'avant 1863; peut-être la
fréquence des rôles pour chaque membre y contribuait-
elle.

Les travaux de la Société étaient comme aujourd'hui de
trois sortes : plaidoiries, discussions, débit oratoire ; mais
les manières de procéder étaient différentes des nôtres; elles
étaient, comme vous allez le voir, marquées de ce cachet
de rigueur que l'on retrouve dans toutes les anciennes lois.
C'est en quelque sorte le droit quiritaire de notre Société
que je vais vous exposer, avec ses perpétuelles et sévères

sanctions, ses amendes appliquées à des taux élevés pour des infractions légères, sans parler des blâmes et des censures. Du reste, que je vous dise tout de suite que ce terrifiant arsenal de lois pénales semblait en avoir imposé à nos devanciers, car le bureau avait infiniment moins à sévir que de nos jours. Je signale cette salutaire sévérité aux bureaux à venir ; peut-être ne nous inspirons-nous pas assez de cette parole pourtant si vieille du psalmiste : *Initium sapientiæ timor*. On aurait moins de réquisitions à prendre, le trésor n'y perdrait rien, et nos séances y gagneraient.

Les mercredis et samedis, jours de plaidoiries, la Société se formait en tribunal, mais tous les membres n'étaient pas juges comme aujourd'hui ; il n'y en avait que cinq désignés à chaque séance par le roulement, le premier d'entre eux faisant les fonctions de président ; il y avait aussi un procureur impérial (nous sommes en 1812) et, ce qui vous surprendra peut-être, un greffier.

La cause entendue, les conclusions du ministère public données, le tribunal se retirait à la Chambre du Conseil, après quoi le président prononçait le jugement. Il ne se contentait pas, du reste, de le prononcer ; il le rédigeait et le communiquait au greffier, qui devait le coucher sur le registre à ce destiné.

Les fonctions de greffier, qui n'avaient, comme vous le comprenez, rien de particulièrement récréatif, n'ont pas toujours existé. De 1812 à 1816, la Société eut un greffier titulaire ; c'était un étudiant en Droit désireux de prendre une part aux travaux scientifiques dont on s'occupait ; en 1816, ce studieux jeune homme s'étant retiré, on décida que la charge serait supprimée (faute de candidat) et que l'avocat qui aurait gagné son procès transcrirait le jugement ; mais les avocats, qui probablement soutenaient à partir de cette délibération leur cause avec moins d'ardeur, furent allégés de ce soin par l'apparition d'un nouveau greffier titulaire, qui porte un nom connu de plusieurs d'entre

vous, M. Bourniquel, qui resta en fonctions jusqu'en 1823 ;
après cette époque, et après avoir essayé d'établir un roulement pour que chacun fût greffier, à son tour, on revint à
la tradition de 1816, et l'avocat victorieux eut le registre
des jugements pour roche Tarpéienne. La fonction avait
pourtant son utilité, car le greffier, en écrivant le jugement
rendu sur une question donnée, pouvait graver dans son
esprit le souvenir d'un point de Droit dont la rapide audition n'aurait peut-être laissé aucune trace.

Les plaidoiries avaient lieu avec une solennité qui nous
surprend aujourd'hui , nous qui aimons tant les choses
faciles ; écoutez donc un peu : les rôles étaient fixés trois
semaines à l'avance par l'inscription au tableau faite par le
secrétaire. Quinze jours avant celui des plaidoiries, l'un des
avocats devait justifier au conservateur qu'il s'était procuré
un dossier susceptible de donner lieu à une discussion inté-
ressante ; ce dossier était communiqué huit jours à l'avance
par son possesseur au second avocat, qui, à son tour, et quatre jours à l'avance, le communiquait au ministère public.

Lorsqu'on ne pouvait se procurer un dossier intéressant,
l'un des avocats devait prendre une question de Droit, y
adapter un fait et soumettre le tout à l'agrément du conservateur ; puis faire, selon la marche ordinaire, les diverses
communications.

Dans tous les cas, les deux avocats devaient, quatre jours
à l'avance, communiquer leurs moyens au ministère public.

Les plaidoiries étaient toujours écrites, et cela sous peine
d'amende ; chaque avocat lisait la sienne ; la réplique seule
était livrée aux hasards de l'improvisation. « Nous pres-
« crivions la plaidoirie écrite, disait M. Héloin dans la lettre
« que je citais tout à l'heure, parce qu'en écrivant bien on
« apprend à bien parler, et que l'improvisation d'un avocat
« sans expérience et sans habitude du barreau est incertaine,
« traînante et ennuyeusement verbeuse. Nous voulions,
« contrairement aux habitudes de cette époque, des formes

« un peu académiques, toujours polies, parfois gracieuses,
« parce qu'encore qu'un prétoire ne soit pas un salon et
« que les magistrats ne soient pas de ceux qu'on prend par
« les oreilles, nous pensions que pour convaincre, il faut
« plaire et que, passez-moi le mot, *les ruderies* du vieux
« barreau devaient faire place aux formes élégantes et gra-
« cieuses du barreau de Paris. » Cet usage d'écrire les plaidoiries est un de ceux qui m'ont le plus frappé; il témoigne
en effet, d'une manière saisissante, de la volonté ferme, éner-
gique même, qu'avaient nos devanciers de se perfectionner;
ils considéraient notre société comme une école pratique
où l'on doit plutôt chercher à acquérir des facultés nouvelles qu'à faire valoir celles dont on peut être déjà doué.
On l'a dit souvent, la facilité est un des plus redoutables
écueils pour un jeune avocat, parce qu'elle engendre une
confiance en soi trop souvent exclusive d'un travail toujours
nécessaire cependant. La composition de la plaidoirie, l'ordre et la méthode sont choses qui exigent des soins minu-
tieux, et ce n'est qu'après une longue pratique que l'on arrive à cette facilité vraie de l'avocat bien différente du ver-
biage du parleur.

Nous dédaignons ces moyens qui nous paraissent trop
humbles; il nous semble que c'est mettre l'éloquence en
lisière que de l'assujettir ainsi; et cependant c'est à cette
école, ne nous le dissimulons pas, que ce sont formés nos
grands avocats, c'est à la Société de jurisprudence, par l'exer-
cice de la plaidoirie écrite, que les Fourtanier et les Féral,
pour ne parler que des morts, ont acquis le renom qui les
a illustrés. Un enfant qu'on n'aurait jamais tenu en lisière
s'habituerait à marcher à quatre pattes; de même la parole,
qu'on n'aura pas dès le début redressée avec soin par un
opiniâtre labeur, se traînera toujours et ne s'élèvera un moment que pour retomber bientôt. Aussi, en 1843, le premier
président de la Cour de Toulouse recevant une députation
de nos confrères, leur recommandait de conserver cette tra-

dition comme une de leurs meilleures. On l'a abandonnée cependant, et il faut le regretter.

Il était un autre usage non moins utile. Le jugement prononcé, le président faisait connaître sans désemparer l'opinion du tribunal sur le mérite des plaidoiries et des conclusions du ministère public. On l'a observé jusqu'en 1866, et le procès-verbal de la délibération, bien que laconique, révèle assez le motif de la suppression : « Le président, y est-il dit, ne prononcera plus l'*éloge* des plaidoiries. » On avait maintenu l'usage sans en maintenir la portée, et l'observation du tribunal, qui, sérieuse et raisonnée, portant sur tel ou tel point d'une plaidoirie, sur la préparation ou sur le débit, sur l'exposition du fait ou la discussion du Droit, aurait pu avoir une très-grande utilité, avait dégénéré en éloge banal et quotidien. Mais dans les premiers temps où la critique était sérieuse, je suis persuadé que cette disposition du règlement devait produire d'excellents effets. Connaître par où l'on pèche n'est-ce pas être à moitié guéri ?

La Société de jurisprudence avait comme second genre d'exercices ce que l'on appelait la Conférence, qui avait lieu le lundi, et consistait dans la discussion de questions théoriques prises dans les divers Codes.

Au début, le Code Civil seul faisait l'objet de ces discussions; on examinait chaque mois un ou plusieurs titres, et l'on s'y prenait de la manière suivante. Au commencement du mois chaque membre était tenu d'apporter au Conservateur une question sur le titre choisi. Le bureau examinait ces questions, et, s'il les agréait, on les soumettait à la discussion. Deux orateurs exposaient les opinions contraires, et losqu'ils avaient terminé, tout membre pouvait prendre la parole, comme cela se fait à nos Conférences du stage ; le président faisait ensuite le résumé et mettait aux voix la solution.

La procédure des Conférences fut, du reste, modifiée en

1827 ; sur une proposition faite par M. Alem Rousseau, la Société se partagea en quatre bureaux : bureau des successions, bureau des donations et testaments, bureau du contrat de mariage, bureau des hypothèques. Tous les lundis, deux bureaux fournissaient chacun une question qui était discutée par deux de ses membres; chaque bureau était responsable des questions qu'il choisissait dans les réunions préparatoires.

En 1837 on décida que les discussions du lundi ne porteraient plus sur le Code Civil, mais sur toute question de Droit en dehors de lui. Les rapporteurs étaient désignés à l'avance : tous les membres autres que les rapporteurs étaient appelés à jouer le rôle de contradicteurs; pour cela ils étaient divisés à l'avance en deux séries; les membres de la première série devaient se tenir prêts à répondre sur la première question, et ceux de la deuxième série sur la deuxième question. Le sort désignait parmi eux celui qui remplissait réellement les fonctions de contradicteurs. On voulait par là forcer tous les membres à préparer les questions discutées, ce qui est, du reste, le but que l'on cherche encore à atteindre, sans y réussir peut-être, en exigeant qu'on inscrive les questions à discuter plusieurs jours à l'avance.

« Nous avions prescrit les exercices de lecture, écrivait « encore M. Héloin, parce qu'*en ce temps-là* les avocats qui « lisaient disaient mal. Pour parvenir autant que possible « au but que nous nous étions proposés d'atteindre, mes « confrères m'appelaient fréquemment à la présidence du « bureau, et je disais comme je les avais reçues les leçons « de débit oratoire que m'avait donnée le Roscius de la « scène française, ce tragédien illustre, cet artiste incom- « parable qui disait si bien et qui ne déclamait pas.

« A ces entretiens je joignais quelques pages du *Traité* « *de Prononciation* de Dubroca et les plus utiles chapi- « tres de l'*Art de lire à haute voix*. Ces leçons familières, « ce cours fait sans prétention aucune avaient pour résultat

BIBLIOTHÈQUE NATIONALE R.F. IMPRIMÉS

« de corriger une prononciation généralement vicieuse et
« autant que possible l'accent méridional qui révèle la viva-
« cité de l'esprit, mais qui frappe un peu trop fort le tim-
« bre des oreilles parisiennes accoutumées à l'harmonie
« d'un accent qui manque peut-être de force et d'expres-
« sion, mais qui a tant de naturel, de charme et de grâce
« chez les hommes du monde qui parlent bien. »

Vous le voyez, Messieurs, nos devanciers ne reculaient
pas devant le travail, et ils avouaient avoir tout à apprendre.
Le rapide exposé de leurs occupations dit assez combien
elles étaient sérieuses et avec quel zèle ils poursuivaient
leur œuvre, ne consultant ni leurs aises, ni leur amour-
propre. Placés sous le patronage du premier président et du
procureur général, ils avaient, avec ces deux hauts fonction-
naires, des rapports suivis et recevaient souvent d'eux de
salutaires avis. Quelquefois même, les procès-verbaux des
séances en font foi, ces magistrats assistaient à nos débats,
qu'ils savaient devoir être assez sérieux pour y trouver
quelque satisfaction. En 1852, le premier président de-
manda à notre président de l'aviser toutes les fois que l'on
discuterait une question importante.

Vous avez vu que les avocats plaidaient sur des dossiers ;
ils leur étaient confiés par des hommes d'affaires qui souvent étaient désireux d'avoir l'appréciation de la Société
avant d'interjeter un appel. Ce qui le prouve, c'est que,
d'après le règlement, l'arrêt intervenu devait être mentionné
avec son dispositif en marge du jugement rendu par la
Société.

Les parties elles-mêmes, avant d'engager un procès ou de
le poursuivre, sollicitaient souvent l'avis de la Société ;
de nombreux mémoires à consulter lui étaient envoyés du
dehors, quelquefois même par des avocats à la Cour de Cas-
sation ; les affiliés ou les membres résidants, qui avaient une
question à résoudre, en saisissaient encore la Société qui la
faisait examiner par une commission chargée de rédiger une

consultation ou qui la faisait plaider devant elle en la forme ordinaire, et envoyait ensuite son avis.

En un mot, on nous témoignait une confiance vraiment singulière et dont, hélas! nous n'avons conservé que le souvenir. D'où peut venir cette décadence? pourquoi les clients nous ont-ils abandonnés? est-ce notre faute ou la leur? Il y a là un point difficile à résoudre sans doute ; je crois, cependant, qu'on peut signaler deux causes au mal.

La première, j'en parlais tout à l'heure, nous n'aimons pas la difficulté, en dépit de la traditionnelle parabole du chemin semé de roses qui conduit au précipice, tandis que le chemin semé de ronces et d'épines conduit au temple de la Renommée. La seconde cause est plus embarrassante à énoncer, mais je dois la dire : nous prononçons trop facilement le *Dignus es intrare,* lorsqu'un candidat vient frapper à notre porte, et la faveur que nous accordons devient presque banale au point d'être dédaignée par des jeunes gens de mérite. En un mot, ici comme ailleurs, il faudrait remonter le niveau des études, en exigeant davantage des candidats.

Cette réflexion, que vous me pardonnerez, m'était inspirée par la lecture des procès-verbaux où sont relatées les épreuves subies par les postulants ; aujourd'hui, il faut en convenir, elles n'ont de solennel que les délais ; tout le reste ressemble un peu à des formalités.

Jadis, au commencement de la session, on déclarait le chiffre des places vacantes et on annonçait l'ouverture du concours par des avis dans les journaux et des affiches à la Faculté de Droit, exactement comme pour les vacances de chaires. Les candidatures présentées et admises, on nommait une Commission de cinq membres chargée d'examiner tous les mémoires qui seraient déposés. Les mémoires étaient numérotés, lus et classés par ordre de mérite ; un rapport écrit et détaillé était fait à ce sujet par le président de la Commission, qui en donnait lecture à la Société après

lui avoir lu les mémoires. On jugeait donc sérieusement et
en connaissance de cause. Un de nos honorables confrères
a eu la bonne fortune de trouver dans les papiers de son
grand-père, le regretté M. Bahuaud, un de ces rapports
faits avec cette netteté qui caractérisait son auteur, notre
ancien bâtonnier. J'ai été frappé de l'attention avec laquelle
les mémoires étaient examinés en quelque sorte par le
menu, et aussi du soin avec lequel le rapporteur avait
composé son œuvre véritablement remarquable tant par la
forme que par le fond. — Après cette première admission,
le candidat subissait l'épreuve de la plaidoirie, qui devait
être écrite suivant l'usage; enfin, cette seconde épreuve était
suivie de celle de la discussion dans les formes que je vous
indiquais tout à l'heure. Lors de la séance d'installation, le
président adressait aux nouveaux membres un discours
écrit, et le premier récipiendaire répondait, au nom de
tous, par un autre discours, exactement comme à l'Aca-
démie. Le conservateur prenait à son tour la parole; après
quoi, on faisait promettre fidélité au règlement. Dans
les premiers temps même, on lui *jurait* fidélité, assuré que
l'on était de ne voir jamais un parjure. Nous sommes loin
de ces serments, de ces concours difficiles et solennels, puisqu'il faut confesser, non sans rougir à coup sûr, mais
avec vérité, que c'est nous qui souvent sollicitons les candidats. Tant il est vrai que les leçons du passé portent peu
de profit !

Ce qui rendait aussi les séances plus graves, c'était à coup
sûr leur publicité; sauf pour quelques questions d'ordre
intérieur à l'occasion desquelles la Société se constituait
en comité secret, on admettait le public friand des joutes
oratoires à l'audition de nos exercices; les procès-verbaux
ne disent pas si la foule était nombreuse (il est permis d'en
douter), mais certains étudiants sérieux devaient se faire
un plaisir de venir chercher au milieu de nous un supplé-
ment de cours; je ne suppose pas cependant que leur zèle

pût toujours égaler celui des membres de la Société, car dans certaines circonstances, notammeut en 1819, nous voyons des séances tenues à sept heures et même à six heures et demie du matin.

La Société tenait ces réunions pendant toute l'année judiciaire, du moins jusque vers 1840, époque à laquelle le zèle se ralentit et où l'on proposa de réduire *provisoirement* les séances à six mois. Le provisoire devint du définitif, comme cela arrive trop souvent lorsqu'un mauvais pli est donné. Le lieu de nos séances était à la Cour, dans la deuxième chambre, ainsi que nous l'avait accordé notamment une ordonnance du premier président Dezazars, en date du 16 septembre 1814.

La séance solennelle de rentrée ou plutôt de clôture (car c'est à la fin de la session qu'avait lieu la présente solennité) se tenait dans la grand'chambre, les nombreuses invitations faites à cette occasion nécessitant un vaste local. Oui, Messieurs, les choses ne se faisaient pas aussi simplement qu'aujourd'hui : la Cour, le Tribunal, le Barreau, la Faculté de Droit étaient invités à nous honorer de leur présence, et pendant longtemps, jusqu'en 1855, au moins, chaque année les mêmes pompes se renouvelaient. Des commissions étaient nommées pour régler la grave question du cérémonial; les questions de préséance étaient alors soigneusement étudiées et discutées; on y perdait bien un peu de temps, mais les invités étaient satisfaits.

Cette grave et imposante solennité était suivie d'une seconde réunion d'adieux d'un caractère plus intime; de là l'usage du banquet annuel dont la tradition a été pieusement conservée jusqu'à nos jours. Quelquefois même on invitait le bâtonnier de l'ordre; quant à M. Héloin, sa place y était naturellement marquée, et il n'était pas le dernier à animer la réunion par les saillies fines et souvent mordantes de son esprit tout à fait gaulois, à ce que l'on m'a rapporté. Un autre usage, du même genre, réunissait nos confrères, le 1er mars de chaque année, pour fêter joyeusement, autour d'un punch, l'anniversaire de la naissance de la Société. On peut être surpris que cette aimable tradition soit tombée en désuétude; en 1872, on la reprit cependant, et il fut décidé que l'on ferait, ce jour-là, une collecte pour la libération du territoire; une somme de 200 francs fut recueillie et envoyée.

C'est que, bien qu'elle n'eût d'autre objet que l'étude et la préparation à la noble carrière d'avocat, notre Société ne pouvait se désintéresser des graves événements qui déchiraient la patrie, et cela, non moins en 1872 qu'en 1814 et en 1870-71. A ces fatales époques où le sol de la France était foulé par des armées ennemies, nos devanciers comprirent que ce n'était plus le moment de discuter, mais d'agir et de montrer que sous la toge d'avocat il y avait des cœurs de citoyens; les séances furent suspendues indéfiniment et, au lieu de se donner un rendez-vous d'adieu au banquet traditionnel, on se le donna au champ de bataille, en face de l'ennemi. Les membres de 1870 pouvaient être inférieurs à ceux de 1814, par l'ardeur au travail et le zèle, mais ils leur ressemblaient, du moins, par le courage, vous le voyez, Messieurs.

A part ces deux événements si graves, la vie de notre Société s'est écoulée d'une façon calme et paisible, qui fut seulement quelque peu troublée par la crise de 1848; elle, en effet, qui, en 1821, ajournait une de ses séances pour fêter le baptême du duc de Bordeaux, et une autre à l'occasion du 21 janvier, se sentit tellement enfiévrée en 1848 qu'elle suspendit pour une semaine ses travaux. Mais son rôle politique en demeura là, et, en 1852, elle n'inspira nul ombrage au gouvernement, qui lui accorda l'exéquatur, comme il le fallait alors pour toute association.

Un moment, toutefois, elle caressa une ambitieuse espérance : elle trouva que ce n'était pas assez d'avoir des diplômes; si elle n'avait ni page, ni ambassadeur, bien qu'elle valut bien le marquis ou le prince de Lafontaine, en revanche, elle avait un scel et une devise[1], un libraire et un imprimeur; ce n'était rien encore. Elle désira se faire reconnaître par l'État comme établissement d'utilité publique. C'est M. Héloin qui eut le premier cette idée; il la proposa, cependant avec une certaine timidité. « Après tant d'an-« nées d'existence, écrivait-il en 1857, en présence de tant « de services rendus, ne serait-il pas possible d'obtenir une « consécration plus solennelle que l'autorisation adminis-« trative en vertu de laquelle la Société de jurisprudence « existe. Cette sanction est obtenue tous les jours par des « sociétés d'une bien moindre importance que la nôtre. « Une allocation, si minime qu'elle fût, couvrirait des « dépenses auxquelles vous faites face au moyen de sacrifi-« ces personnels pris *sur, sur* et *sur*. Car tout n'est pas « Société de jurisprudence dans la vie d'un licencié en « droit.... Ce projet ou ce désir de sanction n'a pour nous « qu'un intérêt d'avenir. Jusqu'à ce jour, la Société a vécu « de sa sagesse et du bon esprit de ceux qui en font partie, « et j'aime à croire que vos successeurs recueilleront de « vous et feront prospérer cette succession de sagesse et de « gloire. » Ce projet ne tarda pas à être abandonné, et ce fut, je crois, avec raison : la modestie sied mieux que l'étalage des titres à une société d'études comme la nôtre, et elle prouve bien plus son utilité par sa longue existence qu'elle ne le ferait par des parchemins. J'estime donc que nos devanciers firent bien de préférer leur vieille bourgeoisie à un anoblissement de fraîche date. Nos meilleurs titres ne résultent pas de ces élogieuses approbations des autorités diverses, judiciaires ou administratives, que nous conservons dans nos archives, de ces diplômes d'affiliation qui constatent les liens que les Sociétés de Jurisprudence de Paris et

[1]. Par délibération d'août 1812, le sceau de la Société de Jurisprudence porte un soleil levant et la devise : *Crescit eundo.*

d'Agen avaient tenu à établir avec nous dès 1812 et 1818 ; ils se résument surtout dans notre stabilité. Je ne puis m'empêcher de constater avec un certain orgueil que les Sociétés rivales qu'avaient fondées dans notre ville des membres dissidents de la nôtre, n'ont pu longtemps vivre séparées de nous et ont été obligées, après des essais infruc-tueux, ou de demander leur pardon ou de mourir.

Dès 1816, le fait se produisit ; quelques membres, mé-contents de l'état de choses existant, se sentant d'ailleurs de force à opérer des merveilles, résolurent de secouer le joug de notre règlement, et se retirèrent non sur le mont sacré, mais au palais de première instance qui, à cette époque, était dans l'hôtel de la Faculté des Lettres actuelle, rue du Sénéchal. Mais ces nouveaux enfants prodigues ne tardè-rent pas à revenir au milieu de nous, et M. le premier pré-sident Hocquart, en nous témoignant dans une de ses let-tres la satisfaction que lui causait cette réunion, exprimait le désir de ne voir désormais rivaliser que par les talents les membres de notre Société.

Ce vœu ne fut malheureusement pas réalisé ; et en 1822, quelques membres, prenant pour prétexte l'éloignement du siége de nos séances, et après avoir vainement tenté de le faire transporter de la Cour au palais du Sénéchal, suivi-rent l'exemple de Mahomet marchant vers la montagne qui ne voulait pas venir à lui ; ils allèrent s'installer au tribunal de première instance. Ce schisme dura quelques années pendant lesquelles la Société nouvelle traîna une pénible existence ; ayant eu le faux orgueil de ne pas faire sa sou-mission, elle mourut de langueur dans l'impénitence finale.

Ce triste exemple ne découragea pas cependant quelques jeunes gens qui, en 1838, trouvèrent plus digne d'eux de fonder une Société nouvelle que d'entrer dans la nôtre. Ils se maintinrent assez longtemps ; mais, dès 1843, ils se sen-taient faiblir, et demandaient à nous être affiliés pour entrer en communications suivies avec nous. Cette demande fut

assez dédaigeusement repoussée par notre Société, qui semblait avoir pris pour devise : « Hors de moi point de salut. »
Cette conduite, un peu altière, retarda sans doute une réunion définitive vers laquelle cette demande d'affiliation était
un premier pas; mais, en 1850, le bon esprit des membres de
la Société de 1838 leur fit comprendre qu'une scission était
préjudiciable à tous, et son président, M. Rozy, fut chargé
de négocier une fusion au nom de ses huit collègues. La
proposition fut examinée dans une séance solennelle où
furent invités les affiliés, et que présida M. Molinier, pro-
fesseur à la Faculté de Droit; la fusion fut décidée.

Depuis cette époque, nous n'avons eu à déplorer ni riva-
lités ni dissenssions. Du reste, malgré ces nuages, notre vie
se déroulait, avec calme et simplicité; quelquefois même avec
trop de simplicité, car on put croire un moment que les
tristes conjonctures de 1832 allaient se renouveler. A la date
que je viens de citer, on constata, en effet un beau jour, et
cela non sans consternation, que la Société était en déficit de
160 francs. Elle ne voulut pas, du reste, encourir le reproche
que faisait Mirabeau à l'Assemblée constituante, et sans dé-
libérer longtemps elle s'imposa lourdement pour chasser *la
hideuse banqueroute*. L'émotion avait été trop grande pour
que l'on ne cherchât le moyen d'en prévenir le retour. C'est
de cette époque que date l'établissement de la cotisation
mensuelle versée par chaque membre. Jusque-là, on avait
voté le budget des dépenses bien avant d'avoir même cal-
culé celui des recettes; mais, en 1832, nos devanciers comprirent que ce qui est bon pour l'État ne l'est pas toujours
pour les particuliers. Que de gens se perdent en imitant les
grands seigneurs! Nos pères furent plus sages, comme vous
le voyez, et cependant le problème du déficit à éviter, problème si ardu que bien des gens en cherchent toute leur
vie la solution, ce problème n'avait pas été complétement
résolu par l'établissement de la cote personnelle et mensuelle. On avait, en effet, négligé un des éléments, comme

l'on dit en algèbre, en ne se préoccupant pas de l'absence possible des contribuables. Elle se produisit cependant d'une façon très-marquée de 1846 à 1849; je ne sais si les événements politiques avaient un peu trop exalté les imaginations de nos anciens confrères; ce qu'il y a de très-sûr, c'est qu'ils négligèrent nos séances pendant près de trois ans. La rentrée des fonds fut difficile, laborieuse même; il ne fallut rien moins qu'une délibération draconienne, frappant d'amendes considérables les absences, pour rétablir le jeu régulier de nos travaux en même temps que celui de notre caisse. En 1850, l'ordre fut rétabli, et l'on put abroger ces lois transitoires, promulguées pour combattre un mal heureusement disparu.

De 1850 à 1863, rien de saillant ne se produisit, ou du moins les procès-verbaux ont dédaigné de nous en faire la confidence, et je n'ai à signaler que des événements d'ordre intérieur : l'installation de la Société dans notre local actuel et les révisions du règlement.

Je ne saurais mieux faire que de vous citer textuellement la délibération de la Société au sujet de son changement de domicile; elle ne manque pas de piquant et a un ton de dignité offensée qui plaît : « Attendu que, dans la séance du 18 novembre dernier, le *famulus* s'est présenté, à neuf heures du soir, sans avis préalable, dans la salle d'audience de la Société, avec son fallot allumé et ses domestiques, et qu'il a sommé la Société d'avoir à lever la séance, vu qu'il n'avait pas, disait-il, l'autorisation de M. le premier président de laisser le Palais ouvert après neuf heures du soir, que les besoins du service exigeaient que la salle fût évacuée à cette heure-là..... »

Vous comprenez, Messieurs, quel fut l'émoi de la Société; depuis longtemps déjà les rapports avec le *famulus* étaient assez tendus, celui-ci demandant annuellement une augmentation de salaire qui lui était annuellement refusée; mais cette fièvre d'augmentation qui était passée à l'état chronique, arriva en 1863 à sa période aiguë, et le dernier refus occasionna un accès nerveux et une crise dont le bulletin nous a été conservé. Une députation fut envoyée à M. le premier président, qui déclara n'avoir jamais donné l'ordre allégué, ne s'être nullement opposé à ce que les séances se prolongeassent jusqu'à neuf heures et demie; mais il ne pouvait, dit-il, contraindre le *famulus* à un service étranger à celui de la Cour. De son côté, le *famulus* refusa de s'engager à fournir ses services après neuf heures, et il alla même, chose plus grave, jusqu'à contester à la Société le droit de monter sur les hauts siéges, « attendu, « dit la délibération, que bien loin de présenter ou de faire « présenter de sa part une parole d'excuse, le *famulus,* « dans la séance de ce jour, samedi 21 novembre, n'a fait « qu'aggraver sa position en faisant répondre par la bouche « de son fils, et seulement sur l'interpellation formelle « de M. le président, que « puisque M. le premier prési- « dent l'exigeait, il laisserait faire à la Société ce qu'elle « désirerait; » que la Société a vu à bon droit dans cette « réponse une nouvelle insulte; que tâchant de rétribuer « le service de ses séances à un taux suffisamment rémuné- « rateur, elle ne peut pas accepter des services continués « seulement par ordre supérieur, la Société délibère qu'il « y a lieu d'abandonner l'ancien local de ses réunions, « tenues jusqu'à ce jour dans la deuxième chambre de la « Cour, décide qu'à l'avenir elle siégera dans la grand'- « chambre du Tribunal, avec l'agrément de M. le prési- « dent; ordonne qu'une Commisssion sera déléguée vers « ce magistrat à l'effet d'obtenir ladite autorisation, décide « que la même Commission se transportera de nouveau au- « près de M. le premier président pour lui faire part des « dernières phases de cet incident et le remercier, au nom « de la Société, de la bienveillante hospitalité qu'il a bien « voulu lui donner pendant un si grand nombre d'an- « nées. »

C'est aussi dans l'année 1863 que le règlement, jusqu'alors observé avec un respect non moins religieux que ne le fut à Rome la loi des Douze-Tables, fut révisé et remanié *pour mettre fin à toutes controverses,* dit le procès-verbal. Douce illusion que les rédacteurs de notre seconde Constitution ont dû voir bientôt s'en aller en fumée ! Quoi qu'il en soit, la Société, voulant faire un travail sérieux et élever un monument durable, chargea une Commission de préparer un projet pendant les vacances, pour qu'il fût déposé et discuté à la rentrée de novembre. En effet, un projet soigneusement élaboré fut soumis à cette époque à l'appréciation de la Société, qui consacra plusieurs séances à cette grave question. La discussion fut remarquable, et le zèle des orateurs ne connut pas de limites ; les membres de la Commission défendaient leur œuvre avec héroïsme ; mais les amendements ne s'en multipliaient pas moins, appuyés par des membres qui souvent faisaient dépendre de leur adoption le salut ou la perte de la Société. Notre paisible prétoire était transformé en arène parlementaire ; l'ardeur fut si grande que les secrétaires eux-mêmes, animés d'un feu sacré, ne reculèrent pas devant des procès-verbaux qui n'ont pas moins de dix grandes pages. Le vote définitif du projet vint enfin calmer cette agitation. Une importante réforme suivit ce vote mémorable ; jusque-là, un seul exemplaire du Règlement existait ; le vulgaire n'avait pas le droit d'y jeter un regard profane, et le Président seul pouvait, avec le Conservateur, feuilleter ces pages jaunies par le temps ; de là ce respect mélangé de terreur que l'on a pour l'inconnu, de là aussi peut-être le maintien intégral des anciennes dispositions ; mais, en 1849, un membre de la Société, descendant sans doute de ce Gnœus Flavius qui publia à Rome les formules des actions de la loi, un membre dont je regrette de n'avoir pu trouver le nom, réclama contre l'ancien état de choses. On était alors en pleine voie de réformes ; la Société suivit le courant, et il fut décidé qu'à

chaque séance il serait fait lecture d'une section du règlement. Qu'arriva-t-il? Ce que nous raconte Lafontaine
dans la fable des *Grenouilles qui veulent un roi* ; elles
en ont peur d'abord, puis s'approchent, se rassurent, se
familiarisent et finissent par le critiquer et par ne vouloir
plus de lui. Ce qu'il y a de certain ; c'est qu'on ne discuta
jamais autant sur le règlement que depuis 1849.

Les législateurs de 1863 auraient dû le comprendre ;
mais, hélas! il avancèrent au contraire plus avant dans l'er-
reur en ordonnant qu'un exemplaire serait donné à chaque
membre ; c'était préparer des révisions nouvelles.

Il fallait s'y attendre : nos devanciers sentirent en 1875
le besoin de jouer un peu à leur tour le glorieux rôle de
législateurs. Une belle occasion s'offrit à eux; il fallait
faire réimprimer le règlement; pourquoi ne pas en profiter pour faire quelques réformes? La proposition fut
accueillie avec enthousiasme et une commission nommée
selon l'usage ; on lui donna un délai de quinzaine pour la
confection d'un projet, et tous les membres furent invités à
faire part à cette commission de leurs idées et de leurs vues.

Jusque-là tout s'annonçait bien, et l'on pouvait croire que
les grands jours de 1865 allaient recommencer; la première
séance de discussion paraît même avoir été assez animée,
trop peut-être, car la Société passe ensuite plusieurs séances
sans être en nombre pour voter; la minorité, composée sans
doute de parlementaires acharnés que ni la longueur ni la
sèche monotonie des discussions ne pouvaient rebuter, la
minorité en fut réduite à blâmer par un ordre du jour mo-
tivé la négligence coupable des absents, et passa outre. Voilà
comment il se fait que le règlement de 1875 est anticons-
titutionnel, illégal, comme voté par une minorité : décou-
verte qui m'a surpris, j'en conviens, mais certaine. Un
règlement né dans de pareilles conditions ne pouvait vivre
longtemps ; on l'avait préparé dans quinze jours et tristement
voté, le plus vite qu'on avait pu, dans deux ou trois fins

de séance; aussi, Messieurs, avons-nous eu l'idée d'une troisième révision, l'an dernier.

Nous la trouvons parfaite, peut-être parce que nous en sommes les auteurs; mais, vous le savez, les étrangers trouvent souvent bien désagréables, bien peu dignes d'éloges, des enfants, trouvés charmants, adorables même par leurs parents. Est-ce notre cas? A un de nos arrière-petits-neveux de le dire.

Je m'arrête donc ici, Messieurs, car je suis arrivé au dernier registre de vos délibérations, c'est-à-dire à notre histoire contemporaine; la sérénité d'esprit nécessaire à l'historien me manquerait à coup sûr pour juger une génération qui me tient de si près. Laissons à nos successeurs le soin d'apprécier nos œuvres, et efforçons-nous seulement de les rendre dignes d'approbation. Je ne veux pas cependant, sans vous adresser mes excuses, finir ce discours commencé en implorant votre indulgence. Je l'implorais, craignant d'être trop bref, et il faut m'excuser maintenant de ne l'avoir pas été assez; je conviens de ma faute, mais vous me permettrez d'invoquer comme circonstance atténuante le charme que j'éprouvais à vous montrer la Société de Jurisprudence, à laquelle nous sommes tous si attachés, remplir avec tant de bonheur une carrière de soixante-huit années; espérons que tous ici nous pourrons le 1er mars 1912, un peu grisonnants, peut-être un peu chauves, mais ayant toujours conservé entre nous les liens d'une franche et cordiale confraternité, célébrer avec ce qui nous restera de gaîté dans l'âme le joyeux centenaire de notre chère Société.

Après la lecture de ce discours, la Société en vote l'impression.

Toulouse, imprimerie Privat, rue Tripière, 9. — 1

www.ingramcontent.com/pod-product-compliance
Lightning Source LLC
Chambersburg PA
CBHW070803220326
41520CB00053B/4751